KB066037

학 부 모 프 로 젝 트

행복한 학부모를 위한
마음공부

| **한마음과학원** 저 |

학지사

책을 내면서

이 책은 5년여의 시간을 거쳐 완성되었습니다. 처음에는 청소년기의 자녀를 둔 학부모들이 자녀의 심성을 계발시켜 보자는 취지로 모임을 갖게 되었습니다. 그런데 2년 정도 프로그램을 탐색하는 과정에서 모임의 성격이 자연스럽게 부모교육으로 변하게 되었지요. 아이들의 인성문제를 논의하다 보니 가장 큰 영향을 미치는 것이 당사자인 우리 부모였고, 학부모의 역할에 대한 성찰이 우선되어야 함을 절실히 느끼게 되었던 것입니다. 그래서 청소년기의 자녀를 둔 학부모들의 고민을 함께 나누고 서로 배움을 줄 수 있는 프로그램은 없을까 고심한 끝에 학부모프로젝트를 만들게 되었습니다.

학부모가 된다는 것은 부모이기에 기꺼이 맞이해야 하는 역할입니다. 그러나 아름다운 청춘의 어느 날 한 생명의 보호자가 되었을 때 성숙한 부모의 역할이 무엇인지 안다는 것은 참으로 어려운 일이지요. 청소년기의 자녀에게 부모의 역할이 중요하지만, 특별한 준비 없이 부모가 되어 버린 대부분의 학부모는 참으로 막막할 수밖에 없을 것입니다.

그래서 삶의 여정을 함께할 동반자로서 자녀를 대하는 것이 아니라 자신의 연장선상에서 자녀를 바라보기가 쉽습니다. 자기가 생각하는 대로 잘 먹이고 입히고 남들과 경쟁하여 뒤처지지 않는 자녀를 만들기 위해 이리저리 교육정보를 탐색하기도 하고 자녀를 다그치기도 하면서 힘들게 그 시기를 보내게 되는 경우가 많습니다. 그나마 자녀가 어릴 때는 잘 따라 주겠지요. 그러나 학교에 가고 자신의 주체성을 찾기 시작하면서부터는 건건이 갈등을 겪게 됩니다. 그것은 어떻게 보면 당연한 일입니다. 자녀도 성장의 과정이고 부모도 학부모의 역할을 배워 가는 시기이니까요. 똑같이 배움의 시기라 하여도 부모는 부모이기에 한발 앞서 자신의 역할을 보다 성숙하게 해낼 수 있는 방법을 모색해야 할 것입니다.

시대가 많이 바뀌었다고 하지만 여전히 우리 사회에서 부모라는 존재는 자식을 위해서는 무엇이든지 할 각오가 되어 있고 정성을 다하는 마음을 가지고 있습니다. 학부모프로젝트에 참여한 젊은 세대의 부모들만 보더라도 자녀에 대한 정성과 고민과 아픔은 이전 세대와 다를 바 없음을 확인하게 됩니다. 오히려 무조건적인 희생이 아니라 좀 더 합리적이고 자주적으로 자녀와의 관계를 만들어 나가고자 하는 긍정적인 면을 발견하기도 합니다. 이러한 분들은 자신이 지금 무엇을 위해 어떻게 행동하고 있는가를 자각하려고 하며, 학부모로서의 역할뿐만 아니라 자신의 삶의 질도 높이고자 하는 열망을 가지고 있습니다. 정말로 자녀와 자신 모두에게 좋은 교육이 무엇인지 알고자 합니다.

우리는 그러한 학부모들의 열정을 피워 내는 것이 중요하다고 보았습니다. 그래서 실생활에서 자녀와 매일 대면하는 장면들을 소재로 하여, 학부모의 역할과 자신의 삶의 질을 동시에 발전시켜 나가는 것을 프로그램의 목표로 정하였습니다. 우선, 자녀교육에 온갖 노력을 다하는 학부모들 각자의 내면에 자신을 이끌어 가는 힘이 있음을 자각하도록 합니다. 그리고 그 에너지를 믿고 활용함으로써 자녀와의 문제를 해결해 가며, 동시에 그러한 실천이 자신의 삶을 진화시켜 나가는 경험이 되게 합니다. 자신의 내면에 있는 에너지, 잠재력의 이름을 무어라 부르든 그것은 진정한 자신을 의미합니다. 스스로 갖추어진 그 힘을 끌어 쓰는 것이야말로 진정한 자기계발이면서 동시에 훌륭한 자녀교육이 아닐까 합니다.

이 책에는 시행착오를 겪으며 그러한 자기계발과 자녀교육을 동시에 해 나갔던 학부모들의 실천사례가 고스란히 담겨 있습니다. 자기 자신을 되돌아보고, 자신의 상처를 치유하고, 가족에 대해 알게 모르게 쌓인 감정을 청소하면서 새로운 눈으로 자녀를 대하며, 매회 달라지는 변화의 과정을 확인할 수 있습니다. 이 책이 나오기까지 마음을 다해 함께하신 개발팀원들과 실천사례를 풍요롭게 담을 수 있도록 해주신 학부모프로젝트 수료자 분들께 감사드리며, 교육에 참여하셨던 분의 소감 일부를 함께 나누려고 합니다.

내가 엄마가 되어 보지 못했다면, 성장하는 아이의 조력자가 되어야 하는 학부모의 시기를 거치지 않았다면, 마치 태풍이 바닷물을 흔들어 바닷속 깊은 곳의 생명을 살리듯 누가 나의 단단한 관념과 의식을 내려놓게 할 수 있었을까? 내가 엄마가 되기 전, '엄마는 나를 사랑하지 않았었다.'는 기억으로 서러워하고 아파했었지. 학부모프로젝트를 마치는 지금, 나의 엄마도 한 여자로서의 삶을 살면서 많이 힘들었고 지쳐 있었음을 이해하게 되었다. 사랑받고 싶었던 소녀의 감성에서 벗어나 감사의 마음으로 엄마를 안아 드릴 수 있다는 것이, 이제는 성숙하고 한결 넓어진 마음으로 사랑을 주는 아이의 엄마로 성장해 가는 스스로를 보게 된다는 것이 얼마나 뿌듯한가? 내가 밝아지는 만큼 가정이 밝아진다는 말이 거짓이 아님을 느끼며, 많은 학부모가 이 프로젝트에 참여하여 스스로를 밝게 맑게 향기롭게 가꾸어 가기를 바란다.

아무쪼록 이 프로그램에 참여하시는 학부모들과 그들의 자녀 모두가 행복하게 되어 아름다운 사회, 밝은 에너지가 넘치는 사회가 되기를 발원합니다.

2016년 1월

한마음과학원 '학부모프로젝트' 개발팀 합장

차 례

4차시 쉼

5차시 고맙습니다

6차시 우리, 안아 줘요

7차시 내 안의 꽃을 피워요

1차시

괜찮아

1. 자녀의 학년 또는 연령을 자녀 수대로 써 보세요.

2. 자녀의 상황에 따라 학부모로서의 고민, 갈등을 구체적으로 적어 보세요.

본 프로그램은 학부모 이전에 인간으로서의 내가 삶에서 겪는 중요한 것들을 성찰하고, 다스려 가는 것에 중점을 두었어요. 그리고 그 실천과정이 곧 자녀 교육으로 이어질 수 있도록 구성하였습니다.

차시/주제	나의 성찰	자녀 교육
1차시 괜찮아	• 고민과 갈등 나누기 • 공감하고 위로하기	자녀의 이야기 들어 주기
2차시 이유가 있을 거야	• 나에게 주어진 역할 • 마음을 다스리는 방법 A1, A2	학습과 진로
3차시 주인공으로 살아요	• 나에 대한 이해 • 마음을 다스리는 방법 A3, A4	자녀에 대한 믿음
4차시 쉼	• 고정관념과 쉼에 대하여	자녀의 고정관념
5차시 고맙습니다	• 부모와의 관계 & 자가치유	자녀의 마음 살피기
6차시 우리, 안아 줘요	• 자녀와의 지혜로운 소통	자녀와 함께하는 마음공부
7차시 내 안의 꽃을 피워요	• 지혜로운 학부모의 길	행복한 자녀

내 안의 숨겨진 보배 '마음'

모든 것이 자기 살림살이, 그 마음에서 빚어지는 일들입니다. 내면세계의 살림살이들을 이끌어 나갈 수 있는 그런 여러분이 돼야만 외부의 살림살이도 이끌어 나갈 수 있는 능력이 생깁니다. 여러분의 그 마음은 악으로 이끌 수도 있고, 선으로 이끌 수도 있습니다. 고정됨이 없이 쉴 사이 없이 돌아가는 그 마음이 어떤 거든지 바로 지켜볼 수 있고, 체험할 수 있고, 실험할 수 있고, 모든 것을 이끌어 갈 수 있는 지배인과 같습니다. 그래서 본래자성불(本來自性佛)이라고 합니다.

마음속에 마음이 있습니다. 이 마음의 근본자리는 보이지도 않고 빛깔도 없고 아무것도 없습니다. 허공은 안 그렇습니까? 잡히지도 않고 빛깔도 없지만 허공은 있듯이, 마음도 보이지도 않고 아무것도 없지만 역력하게 있습니다. 예를 들어, 밀가루가 마음이라면 그걸로 별의별 것을 다 먹고 싶은 대로 해 먹을 수 있는 것이 바로 그겁니다. 이 마음이라는 것은 밀가루라는 근본을 가졌지마는 가공돼서 국수도 되고 만두도 되고 부침개도 되고 과자도 되고 술도 되고 누룩도 되고 뭐 별별 것이 다 되는 것입니다. 그리고 그것이 아무리 나누어져서 다른 이름을 띠고 나왔다 하더라도 밀가루는 밀가루의 근본이 거기 뚜렷하게 그냥 있는 것입니다.

인간의 능력은 바로 그것을 용도에 따라서 꺼내 쓸 수 있는 데 있습니다. 우리의 마음인 영원한 그 마음 자체, 줄지도 않는 그 마음 말입니다. 마음대로 늘여서 쓰려면 늘여서 쓰고 줄여서 쓰려면 줄여서 쓰고, 펼쳐서 쓰려면 펼쳐서 쓰고, 그렇게 할 때 이 허공에 생명들의 마음도 포함되기 때문에 에너지가 저절로 항구적으로 자동적으로 그냥, 마음 쓰기에 따라 쓰여지게 되는 겁니다.

그러니 자기 마음을 자기가 다스려야 합니다. 그럼으로써 행을 잘할 수가 있고 올바로 갈 수가 있고 진실하게 갈 수가 있고, 얼토당토않은 욕심을 부리지 않을 것입니다. 그리고 자녀들도 보고 듣는 것이 그것인데 어찌 이탈하겠습니까? 여러분이 고독하게 만들고 배고프게 만드니까 그렇게 되는 거죠. 부모의 책임이 없다고도 할 수 없죠. 학교에다가 맡겨 놓으면 다 되는 줄 알지만 자녀는 바로 2세, 자기입니다. 더 발전을 해서 내 2세는 더 올바르고 진실하게 똑바로 다스려 나갈 수 있는 자기를 길러 주는 부모들이 돼야 하지 않겠습니까? 한 가정에서도 그렇고, 살아 나가는 데에 사사건건이 인연에 따라서 돌아가지 않는 게 하나도 없으니까 말입니다.

실천해 봐요

나를 다스리는 실천은 그대로 자녀교육이 됩니다.
실천을 통해 자녀와 더불어 행복해지세요!

이번 주 실천과제를 적어 보세요.

마음노트

마음은 자기를 진화시키고 세상을 개선할 에너지다.

오늘 자녀와 대화할 때 실제 사용했던 용어를 그대로 적어 보세요. 자신을 살필 수 있어요.

마음노트

마음공부는 모든 것에 통하는 길이다.

오늘 자녀와 대화할 때 실제 사용했던 용어를 그대로 적어 보세요. 자신을 살필 수 있어요.

마음노트

마음 깊숙하게 들어 있는 그 마음을 발견해서 불을 밝혀라.

오늘 자녀와 대화할 때 실제 사용했던 용어를 그대로 적어 보세요. 자신을 살필 수 있어요.

마음노트

자기 마음의 근본만이 얽히고 설킨 모든 것을 풀 수 있다.

오늘 자녀와 대화할 때 실제 사용했던 용어를 그대로 적어 보세요. 자신을 살필 수 있어요.

마음노트

사람의 마음이 걸리는 것이지 진리는 걸림이 없다.

오늘 자녀와 대화할 때 실제 사용했던 용어를 그대로 적어 보세요. 자신을 살필 수 있어요.

마음노트

누가 알아 주지 않아도 내가 아는 것은 하늘에서도 알고 있다.

오늘 자녀와 대화할 때 실제 사용했던 용어를 그대로 적어 보세요. 자신을 살필 수 있어요.

마음노트

나를 비울 때 우주에 가득찬 생명력과 하나가 된다.

오늘 자녀와 대화할 때 실제 사용했던 용어를 그대로 적어 보세요. 자신을 살필 수 있어요.

2차시

이유가 있을 거야

이유가 있을 거야

나의 말과 행동 바로 보기

학습 또는 진로문제와 관련하여 자녀에게 어떤 말과 행동을 하나요? 그렇게 말하고 행동하게 되는 나의 속마음은 무엇인지 적어 봅니다.

1. • 구체적 상황

 • 내 말투와 표현

 • 내 행동

 • 내 속마음

2. • 구체적 상황

 • 내 말투와 표현

 • 내 행동

 • 내 속마음

이유가 있을 거야

과거로 돌아가서, 내가 자녀 또래의 아이라고 느껴 보세요. 그리고 내가 자녀에게 하는 말과 행동들을 부모로부터 받는다면 어떤 느낌일지 적어 보세요.

어린 시절에 내가 부모에게 정말 바랐던 마음, 말, 행동은 무엇이었나요? 기억나는 대로 적어 보세요.

마음을 다스리는 A1, A2

A1, A2에 대해 메모하세요.

A는 Awareness, 자각이라는 뜻입니다. 자기의 마음을 알아차리고 다스린다는 의미로 사용합니다.

A1

A2

좋다, 싫다 하는 분별이 자기를 막아 놓습니다

여러분 가만히 생각해 보세요. 나쁜 일을 했다가도 좋은 사람이 될 수 있고, 좋은 사람일지언정 때로는 나쁘게 돌아갈 수 있다는 그 사실을 여러분은 잘 알고 계시겠죠. 장차 좋은 것도 아니고, 장차 나쁜 것도 아니다 이겁니다. 나쁜 짓을 했다 하더라도 그 사람이 항상 나쁜 짓만 하는 게 아닙니다. 금방 어떠한 지경에 도달해 '나는 이렇게 해서 안 되겠다.' 하고 돌아섭니다. 그렇게 돌아설 사람을 '이 사람은 나쁘다.' 이렇게 꼭 찍어 놔야 옳겠습니까?

그러니까 부모가 자식이 싫다는 것을 강요하거나 그러지 마시고, 자식이 부모 뜻과 반대로 나가는 거, 부모가 보기에 이렇게 나가면 안 되는데 하는 판단이 서면 이런 것도 잘 돌려서 잘 되게끔 해 줘야죠. 그런데 이렇게 나가는 건 옳고, 저렇게 나가는 거는 틀리다고만 생각을 한다면 그건 모가 나죠. 잘못 나간다 하더라도, '어! 내가 잘못 나간다고 생각하는 건 내 생각이지, 그게 아니다.' 잘 돌아가게 만들어 주는 것이 바로 자비입니다. 하나하나 이것이 옳다 그르다, 밉다 곱다 해서 판단을 자꾸 한다면, 남편도 아내 일에 잘한다 못한다 판단을 하고 아내도 남편 일에 잘한다 못한다 해서 판단을 한다면 이것은 진짜 잘못 나가는 겁니다. 모두가 잘못 나가는 겁니다.

인간의 마음 근본은 국한돼 있는 게 아닙니다. 무한대입니다, 무한! 항상 진화해서 발전시키고, 발전하면서 또 거듭거듭 발전할 수 있는 무한한 심성의 근본입니다. 이 세상의 도리로 악이다 선이다, 나쁜 거다 좋은 거다, 모자라다 영리하다, 길다 짧다, 죄가 있다 없다 하는 것이 논의되는데, 이것이 자기를 막아 놓는 것입니다. 그런데 죄가 있다 없다도 없습니다. 참 미묘한 거죠. 인간은 당연히 고등적인 차원이기 때문에 이러니저러니 하는, 죄가 있다 없다, 업이 있다 없다, 이런 게 근본에는 없습니다. 여러분의 마음에 살아오던 습관과 집착과 욕심과 그 의식으로 지내던 모든 것이 앙금처럼 앉아 있기 때문에 이 생각 저 생각이 복잡하게 일어나는 거죠.

입력된 대로 나오는 것뿐입니다

모든 존재는 마음의 차원대로 그 수준에서 각각 살아가기 마련입니다. 마음작용은 거대한 컴퓨터에 비유할 수 있는데 그 컴퓨터에는 이제껏 지내 오면서 지은 모든 것들이 자동 입력되어 있죠. 알고 지은 것이나 모르고 지은 것이나 선한 것이나 악한 것이나 지은 그대로 뭉쳐 있습니다. 그러다가 인연따라 하나하나 다시 나오게 됩니다.

어떤 문제가 생겼다고 한다면 그것은 앞서 입력된 근거가 있기 때문에 나오는 것이거든요. 근거 없이 나오는 건 하나도 없습니다. 자기가 과거에 어떻게 살았느냐에 따라서 (두뇌에) 입력이 돼 있거든요. 그럼 현실로 나오게 돼 있어요. 그런데 그 입력을 없애려면 거기다가 다시 입력을 해야 앞서 입력된 게 없어지죠? 그런데 그 입력을 지우지 않고 그대로 모두 살고 있잖아요. 근거가 있어서 나왔으니까 나온 자리에다가 입력을 해서 그 근거를 지워 버리면 그게 소멸되죠. 하나하나 소멸시키다 보면 전체가 다 소멸이 돼요. 그러면 그때는 자유스러워지죠. 점차 자유스러워집니다.

실천해 봐요

나를 다스리는 실천은 그대로 자녀 교육이 됩니다.
실천을 통해 자녀와 더불어 행복해지세요!

이번 주 실천 과제를 적어 보세요.

마음노트

오늘의 차원이 바로 내일의 차원이다.
그러니 지금 한생각을 잘해야 한다.

오늘 자녀와 대화할 때 실제 사용했던 용어를 그대로 적어 보세요. 자신을 살필 수 있어요.

마음노트

나를 사랑할 줄 안다면 모든 사람을 사랑할 수 있다.

오늘 자녀와 대화할 때 실제 사용했던 용어를 그대로 적어 보세요. 자신을 살필 수 있어요.

고통과 즐거움을 만들어 내는 것도 자기요,
거두어들이는 것도 자기다.

오늘 자녀와 대화할 때 실제 사용했던 용어를 그대로 적어 보세요. 자신을 살필 수 있어요.

마음노트

여러 사람과 같이 있을 때는 자신의 입을 살피고,
혼자 있을 때는 마음을 살펴라.

오늘 자녀와 대화할 때 실제 사용했던 용어를 그대로 적어 보세요. 자신을 살필 수 있어요.

겸손한 사람은 안으로는 떳떳하면서 밖으로는 부드럽다.

오늘 자녀와 대화할 때 실제 사용했던 용어를 그대로 적어 보세요. 자신을 살필 수 있어요.

마음노트

자기가 조금 밑지더라도
남을 이익하게 하는 마음으로 겸손하게 행하라.

오늘 자녀와 대화할 때 실제 사용했던 용어를 그대로 적어 보세요. 자신을 살필 수 있어요.

마음노트

수행은 몸을 다루는 게 아니라 마음을 다루는 것이다.

오늘 자녀와 대화할 때 실제 사용했던 용어를 그대로 적어 보세요. 자신을 살필 수 있어요.

3차시

주인공으로 살아요

1, 2번까지만 작성하세요.

1. '당신은 누구십니까?' 게임에서 내가 대답한 내용을 써 보세요.

2. 앞에 표현된 '나'를 내용이 비슷한 것끼리 묶어서, 세 가지로 분류해서 써 보세요.

•

•

•

나에 대한 정리

마음을 다스리는 A3, A4

A3, A4에 대해 메모하세요.

A는 Awareness, 자각이라는 뜻입니다. 자기의 마음을 알아차리고 다스린다는 의미로 사용합니다.

A1

A2

주인공은 무한량의 에너지, 능력입니다

우리는 마음의 근본인 자기의 영원한 생명이 있기 때문에 마음을 낼 수가 있고, 낼 수 있기 때문에 육신이 움직일 수가 있고 또는 상대방에게 내 마음을 전달할 수도 있고, 지혜로운 마음을 비춰 줄 수도 있고, 같이 모이면서 헤어지고 헤어지면서 모이는 이러한 진리를 우리가 세세히 알 수가 있는 것입니다. 한 분 한 분 영원한 생명의 근본이 없는 사람이 하나도 없습니다.

영원한 생명의 근본이 불성이라면 그 생명의 근본은 전체에 같이 돌아가는 평등한 진리입니다. 나의 근원이면서 동시에 일체 만물의 근원과 통합니다. 나를 형성시킨 것도 그것이요, 나를 이끌고 가는 것도 그것입니다. 보이지 않으나 내가 마음을 내고 말하고 보고 듣고 움직이고 생각하는 일체의 행동을 하게 하는 것도 그것입니다. 그것을 옛 선사들께서는 일심(一心), '주인공'이라고도 표현했습니다.

'주인공'은 근본에너지이니 참 주인이요, 그로부터 나온 만물이 하나도 고정된 게 없이 공(空)했다는 뜻으로 쓰입니다. 현상계의 모든 것은 맞물려 돌아갑니다. 이것이 있으면 저것이 있습니다. 생과 사, 남과 여, 선과 악, 높은 것과 낮은 것, 동과 서 등등 따로 있는 게 아닙니다. 현상계에는 고정불변의 어떤 실체가 있는 것이 아닙니다. 다만 한마음 주인공이 개별적인 하나로가 아니라 포괄적인 하나로 돌아가고 있을 뿐입니다. 그러므로 공했다고 하는 것입니다. 일체는 본래 공하여서 잠시도 쉴 사이 없이 나투며 돌아가고 있을 뿐입니다.

그러므로 '주인공!' 하면 거기엔 그대로 일체 만물이 다 포함되고 삼세가 하나로 녹아듭니다. 내어놓을 수도 쥘 수도 없지만, 이 우주의 광대무변한 이치가 다 포섭되며 물질계와 정신계의 모든 능력이 다 함께합니다. 그러니 그 주인공은, 즉 말하자면 어떻게 말로 다 표현할 수 없으니까 전체가 합쳐진 그것을 용광로라고도 하고 자가발전소라고도 하고 여러 가지로 표현을 했습니다. 주인공은 무한량의 에너지, 무한량의 능력일 뿐 쓰고 안 쓰는 것은 각자의 마음이 하기 나름입니다.

모두가 고정됨이 없습니다

우리는 때로 '무슨 죄가 많아서 이 세상에 나와 이렇게 고통스럽게 사나?' 하고 생각하시죠? 그러나 그게 아니에요. 여러분뿐만 아니라 축생이나 아귀나 모든 미생물까지도 이 세상에 태어났으면 이미 그렇게 살게 돼 있어요. 그런 걸 왜 한탄을 합니까? 그러나 거기에서 지혜가 있고 능가할 수 있는 폭이 넓으면 좀 낫게 지내고, 폭이 좁고 그릇이 작으면 아주 피곤하게 살고 이것뿐이지요. 그러니까 벗어나라 하는 거 아닙니까. 죄가 있어서 그런 게 아니에요.

여러분의 마음이 그런 게 아니라 몸 속의 의식들이 모두가 얽혀서 마음을 통해서 자꾸 나오기 때문에 거기에 속아서 자꾸 집착을 하게 되고, 욕심을 부리게 되고, 또 그걸 버리지 못하고, 그런 생각으로 따라가기 때문에 그 생각대로 현실에 나오는 것뿐입니다. 그래서 나는 이렇게 말하고 싶습니다. 그 생각에 의해서 팔자 운명을 버리지 못한다고요. 팔자 운명을 자기가 좌우하는데 그거를 버리지 못하고 그 생각 때문에 어렵게 산다고요.

이걸 명심해서 가만히 생각해 보세요. 여러분이 잘못하고 업(業)이 있어서 그러는 게 아니라, 그리고 내가 전자에 어떤 업을 지어서 이렇게 애를 쓴다 이런 생각도 마셔야 합니다. 잘못해서 업이 아니라 사람이 살아가는 도리가 업이에요, 그냥. 업적이란 얘깁니다, 회사에 30년을 다닌 업적이 있다, 농사를 30년을 지은 업적이 있다, 박사학위까지 딴 업적이 있다, 이런 업적이요. 그것이 죄라서 업적이라는 게 아니고 살아 나가는 게 그냥 업적이에요. '우리가 70년을 사는 동안 업적이 생겼다.' 라고 생각하는데 그 업적이란 것조차도 없어요. 왜냐? 여러분이 공해서 없거든요. 내가 없는데 뭐가 거기 업적이 있고 업이 붙고 그러겠어요? 아무것도 없죠. 그러니까 내가 공해서 없다는 거, 그 없다는 이유는 뭔가? 한번 말했다 하면 바로 즉시 과거로 돌아가고, 또 다른 말할 때는 바로 미래로 향해서 가는 거란 말입니다. 그러니 한 찰나 전, 한 찰나 후가 되죠. 우리는 찰나 찰나 화(化)해서 변화하고 나투면서 끊임없이 이어 갑니다. 나투는 것은 움죽거린다는 뜻입니다. 이거 봤다가 저거 보고 하는 그 움죽거림, 나툴 뿐 장애되는 게 하나도 없다고 봅니다. 그런데 여러분의 마음이 그렇지 못해서 걸리는 것이 아니겠습니까?

무조건 놓으면 무조건 없어집니다

모든 것은 마음이 지은 것입니다. 우리 한국의 위대한 스승 원효대사는 마음이 일어나니 온갖 것들이 따라서 생겨나고, 마음이 사라지니 온갖 것 또한 사라진다고 말씀했습니다. 마음은 보물 창고와 같습니다. 마음은 우주를 간직하고도 남습니다. 또한 마음은 겨자씨도 용납하지 않을 수 있습니다. 마음은 번개 빛보다 빠릅니다. 모든 것은 한 마음의 나타남입니다. 그리고 마음의 근원은 샘물과도 같습니다. 이 맑은 샘물에서 온갖 것들이 생겨납니다. 모든 것은 한마음에서 나와서 한마음으로 돌아갑니다. 그래서 원효대사는 한마음(一心)을 강조했고, 한마음의 근원은 맑은 샘물과 같아서 '있다' '없다'를 떠나서 뚜렷이 청정하며, 진리와 삶이 서로 어우러지고 욕심과 함께 하더라도 욕심을 떠나 고요하다고 말했습니다. 나와 네가 어우러지고, 나와 물, 바람, 꽃들이 함께 어울리며, 저마다의 모습을 드러냅니다. 요즘 뇌과학이 발달되어 있습니다. 뇌과학에서는 마음이 움직이면 뇌를 움직이고 뇌가 움직이면 육체가 움직인다고 말합니다. 그래서 우리가 마음을 잘 쓰고 활용하면 육체적으로 건강해지고 창의력도 개발되며 행복해집니다.

그런데 한마음은 우리들의 생각으로는 파악할 수가 없습니다. 생각으로 이렇다 혹은 저렇다고 헤아리고 분별하는 순간 본래 모습은 자취를 숨기고 맙니다. 헤아리는 생각에는 자기중심적인 '나'라는 고정관념이 살아있기 때문입니다. 그래서 한마음자리에 들어가려면 우리들의 생각을 쉬고, '나'라는 집착을 버리고 무조건 내려놓아야 합니다. 즉, 주인공 자리에 놓아야 한다는 말입니다. 그렇게 믿고 내려놓고 맡기면 자연의 순리에 따라 오히려 왕성하고 번성하며 그치지 않고 이어집니다. 서로 서로 통하고 어우러지며 조화로운 하나가 되니 자연스럽게 소통이 됩니다. 게다가 한마음은 마치 용광로와 같아서 그 근본자리에 놓고 텅 비우면 모든 원망, 고통, 갈등, 집착 등이 사라지고 녹습니다. 무조건 놓으면 무조건 해결됩니다.

실천해 봐요

나를 다스리는 실천은 그대로 자녀교육이 됩니다.
실천을 통해 자녀와 더불어 행복해지세요!

이번 주 실천과제를 적어 보세요.

마음노트

여러분의 진짜 길잡이는 마음속에 있는 것이다.

오늘 자녀와 대화할 때 실제 사용했던 용어를 그대로 적어 보세요. 자신을 살필 수 있어요.

마음노트

오늘 자녀와 대화할 때 실제 사용했던 용어를 그대로 적어 보세요. 자신을 살필 수 있어요.

마음노트

우리는 어디서 왔는가, 바로 나 자신, 즉 주인공으로부터 왔다.

오늘 자녀와 대화할 때 실제 사용했던 용어를 그대로 적어 보세요. 자신을 살필 수 있어요.

마음노트

마음은 하나지만 마음 내는 것은 우주 삼라대천세계에 꽉 찰 수 있다.

오늘 자녀와 대화할 때 실제 사용했던 용어를 그대로 적어 보세요. 자신을 살필 수 있어요.

마음노트

마음을 넓게, 둥글게, 둘이 아니게 쓰고 웃으며 살자.

오늘 자녀와 대화할 때 실제 사용했던 용어를 그대로 적어 보세요. 자신을 살필 수 있어요.

마음노트

어려움 뒤에 화평이, 이익 뒤에 손해가 있으니
따로 보지 말고 전체로 보라.

오늘 자녀와 대화할 때 실제 사용했던 용어를 그대로 적어 보세요. 자신을 살필 수 있어요.

마음노트

마음공부는 우둔하다 할 만큼 오로지 진실되게 나아가는 것뿐이다.

오늘 자녀와 대화할 때 실제 사용했던 용어를 그대로 적어 보세요. 자신을 살필 수 있어요.

4차시

쉼

화가 나거나 힘든 상황을 구체적으로 적고, 그때의 마음이 어떤 길을 만들어 내는지 정리해 보세요.

1. 구체적 상황

2. 말과 행동

3. 마음의 흐름

4. 정해 놓은 관념

앞에서 작성한 마음의 흐름과 정해 놓은 관념 속에 담긴 기대하는 바를 정리해 보세요.

내 기준으로 보지 마세요

내 기준으로 보지 마세요. 항상 자식들도 내 기준으로 보기 때문에 탈이 나는 겁니다. 자녀들 속에 들어가서 한마음이 된다면 폐단이 올 일이 없습니다. 부모한테는 부모한테로 들어가서 부모가 돼 버리면, 폐단이 올 게 하나도 없습니다. 그런데 내 기준에서 항상 얕보고 "너는 이렇게 해야 된다. 이렇게 안 하면 넌 밥 빌어먹는다." 부모더러는 하는 말이 "옛날 방식으로 그렇게 살아 나가면 살 수가 없습니다!" 이러거든요. 마음 자체는 다 똑같지만, 이 오장육부 속에도 모습들이 천차만별로 다르고 행도 다르고 모두 다르듯이, 이 세상만사의 모든 마음 내는 그릇은, 마음 내는 차원은 천차만별로 다른데, 그건 그릇대로, 자기의 생각대로 할 뿐이지 누가 봐야 옳다, 안 봐야 옳다 할 수는 없죠.

집안이 화목치 못해서, 또는 한 가정 속에서 누가 괴롭다면 서로가 한마음이 돼서 이끌고 갈 수 있어야 나도 쉽고 서로가 다 쉬울 것을, 그렇지 못한 채 그저 자기 하나만 알고 자기 아픔만 알고 마음으로 돌봐 줄 사람이 없어서 서로 뭉치지도 못하는 경우가 있습니다. 자기 범위 내에서 생각을 하고, 자기 차원에서 생각을 하지 남의 차원에서는 좀체 생각하지 못합니다. 그러기 때문에 사고가 벌어지는 거죠.

인간이 살아 나가는 데, 부부가 만나서 사는 데도 간단하게 생각이 되지만 사람 사는 게 그렇게 간단하지는 않습니다. 가다 보면은 그것이 너무도 복잡하고 다단합니다. 이것을 하나하나 이것이 옳다 그르다, 밉다 곱다 해서 판단을 자꾸 한다면, 남편도 아내 일에 잘한다 못한다 판단을 하고 아내도 남편 일에 잘한다 못한다 해서 판단을 한다면 이것은 진짜 잘못 나가는 겁니다.

가정에서도 부부가 잘못하면 애들이 힘이 든단 말입니다. 애들한테 뭐라고 안 그래도 부부가 항상 싸움이나 하고, 엇갈리고 사네 못 사네 하고 야단들을 한다면 그거 듣는 자식들이 공부가 되겠습니까? 그러니까 "아이고, 지겨워." 이탈을 하게 되죠. 이게 쌓이고 쌓이면 터지게 되죠. 그러니 터진 상황에 뭐를 붙들려고 그러느냐 하면 말로 해서 몸을 붙들려고 애를 쓴단 말입니다. 또! 몸을 붙들려고 하지 말고 바로 마음으로써 마음을 붙들어야 육체는 저절로 오게 되고 따뜻하게 되죠.

실천해 봐요

나를 다스리는 실천은 그대로 자녀교육이 됩니다.
실천을 통해 자녀와 더불어 행복해지세요!

이번 주 실천과제를 적어 보세요.

스스로 느끼고 스스로 납득하고
스스로 발견해야 참으로 아는 것이다.

오늘 자녀와 대화할 때 실제 사용했던 용어를 그대로 적어 보세요. 자신을 살필 수 있어요.

마음노트

나보다 남을 생각하는 마음
그 마음이 마침내 온 우주와 함께하는 한마음

오늘 자녀와 대화할 때 실제 사용했던 용어를 그대로 적어 보세요. 자신을 살필 수 있어요.

마음노트

육신이 나라고 믿는 사람의 인생은 고(苦)이지만
주인공으로서 사는 사람의 삶은 자유라고 하는 것이다.

오늘 자녀와 대화할 때 실제 사용했던 용어를 그대로 적어 보세요. 자신을 살필 수 있어요.

마음노트

다 놓아 버렸을 때 속으로 풀려 나간다.

오늘 자녀와 대화할 때 실제 사용했던 용어를 그대로 적어 보세요. 자신을 살필 수 있어요.

마음노트

실천만이 당신을 자유롭게 만들어 준다.

오늘 자녀와 대화할 때 실제 사용했던 용어를 그대로 적어 보세요. 자신을 살필 수 있어요.

마음노트

무슨 일이든 나로부터 닦고 내 마음 안에 순화시켜 나가는 것,
그것이 모두를 살리는 진리다.

오늘 자녀와 대화할 때 실제 사용했던 용어를 그대로 적어 보세요. 자신을 살필 수 있어요.

마음노트

버릴 수 있고 비울 수 있는 데까지 크게 마음을 쉬어라.

오늘 자녀와 대화할 때 실제 사용했던 용어를 그대로 적어 보세요. 자신을 살필 수 있어요.

5차시

고맙습니다

- 활동 1. 부모에 대해 입력된 의식을 떠오르는 대로 적어 보세요.
- 활동 2. 활동 1이 끝난 뒤, 진행자의 안내에 따라 작성하세요.

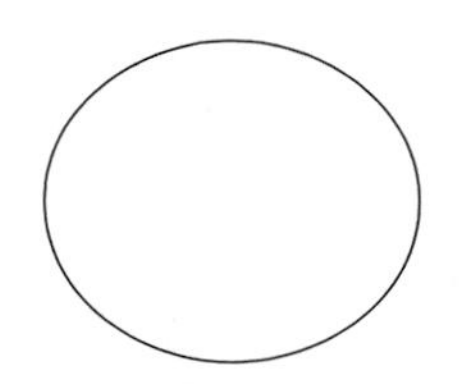

고맙습니다

활동 1, 2를 하면서 해당 부모님에 대해 자신이 새롭게 알게 된 것과 느끼고 자각하게 된 내용을 정리해 보세요.

자녀의 마음을 따라 줍니다

가정에서 자식 살림살이를 잘하시려면 평등한 마음으로써 항상 부드럽게 말해 줄 수 있고, 어떠한 일이 있어도 행을 항상 자기 주인공에 맡겨 놓고 할 수 있게끔 하셔야만 말 없는 데를 통합니다. 식구들한테도 나쁜 말하지 말고 나쁜 생각하지 말고, 잘못했다고 해서 '요놈의 새끼, 너 혼 좀 나 봐라.' 이렇게 생각하지 말아라 이겁니다. 아무리 잘못하더라도 주인공에 맡기고 그저 '모두 몰라서, 물리가 터지질 않아서 그런 거니까 주인공만이 그저 물리가 터져 영리하게 자기 앞가림을 하고 나가게끔 당신만이 할 수 있어.' 하고 맡겨 놓습니다. 아들도 남편도 어머니도 자식도 친척도 다 한마음 아닙니까. 부드러운 말로 모든 것을 안에다 맡겨 놓으면 에너지가 다 통합니다.

그러하니 자식이 어떠한 나쁜 짓을 하더라도 들어오면 다독거려 주고, 말로도 다독거려 줍니다. 그게 사랑입니다, 겉으로 사랑. 안으로는 자비를 베풀어 '주인공밖에는 저 애를 바로 인도해 줄 수 없지.' 하는 것을 믿고 통신처에 놓고선 말은 좋게 해 주는 것입니다. 언제나 어른이고 애고 따뜻한 데로 모이지 추운 데로 모이지는 않습니다.

아침에 나가는 엄마는 반찬을 해서 냉장고에 넣어 놓고 "너를 사랑해. 우리 식구가 행복하게 살고 너희들을 키우기 위해서 엄마는 일하러 나간다. 꺼내 먹어라. 사랑해." 하고서 쪽지에다가 써서 냉장고 거기다 붙여 놓고 뽀뽀라도 해서 문에 붙여 놓고 나가면 아이들이 이탈되지 않는다는 얘기지요.

내 주인공에다가 스위치를 누른다면, 즉 입력을 한다면 자식의 마음까지도 불이 들어오게 돼 있거든요. 자식에게까지도, 연결이 돼 있으니까요. 그것은 자동적으로 마음에서 고장 난 거지 껍데기인 육체가 그냥 허수아비 모양으로 뛰어 달아 나가는 게 아니거든요. 그러니까 그 마음에도 불이 들어오니까 차츰차츰 나가는 일이 없어지면서 "엄마, 내가 왜 그렇게 엄마 속을 썩였지?" 하고 그렇게 되는 겁니다.

애들이 잘못하는 것뿐만 아니라, "난 이것을 하고 싶습니다."라고 한다면 어른이 생각할 때 천부당만부당할지라도, "그래, 네가 하고 싶으니까 해 봐라." 그러고선 아주 좋게 그냥 받아 주고 그것이 어떤 것인지만 경험하고 다시 돌아서게끔 마음을 내면 연결이 돼 있기 때문에 나가서 다 해 보고는 "아버지, 나 그거 그만두겠어요." 하게 됩니다. 그러면 "왜 그만두니?" 되려 그러거든요. 그러면 "아, 이만저만해서 그러니까 저 다른 걸로 하겠어요." 한단 말입니다. 이렇게 해서 사랑과 자비, 의리, 이심전심으로 가정을 이끌어 나갈 수 있는 그 관심, 이것이 진짜 사랑이죠. 그러니까 부모가 볼 때는 잘못 나가는 것 같지만 그럴 때도 '아! 그것도 순간순간 바뀌어지는 일이니까 그것도 예측 못하는 일이지. 고정된 게 하나도 없으니까 잘될 수도 있다.' 그러고 마음을 넣어 주는 겁니다. 마음을 따라 주는 겁니다.

실천해 봐요

나를 다스리는 실천은 그대로 자녀교육이 됩니다.
실천을 통해 자녀와 더불어 행복해지세요!

이번 주 실천과제를 적어 보세요.

사랑쿠폰

다음의 쿠폰을 자녀, 배우자에게 나눠 주세요.
절취하여 사용하세요.

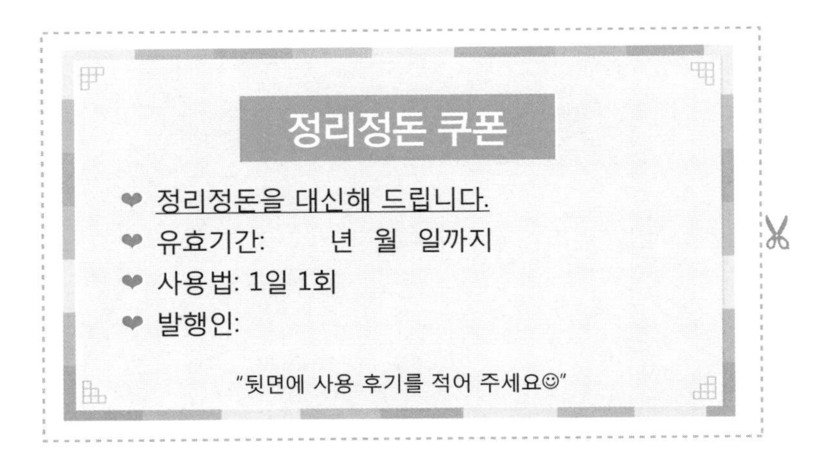

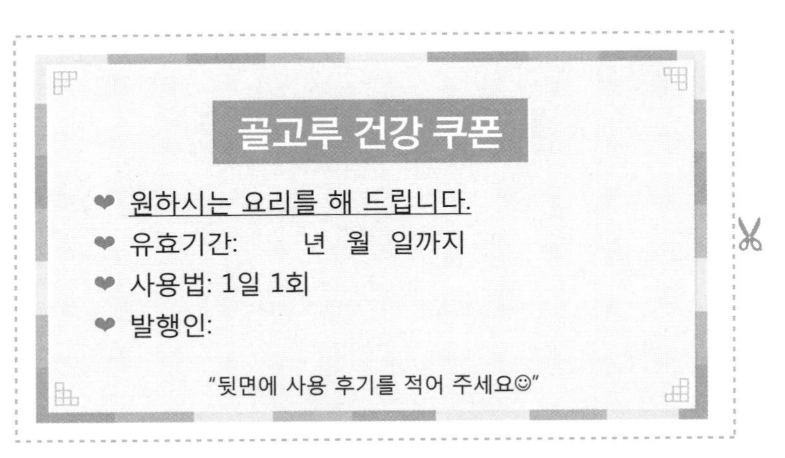

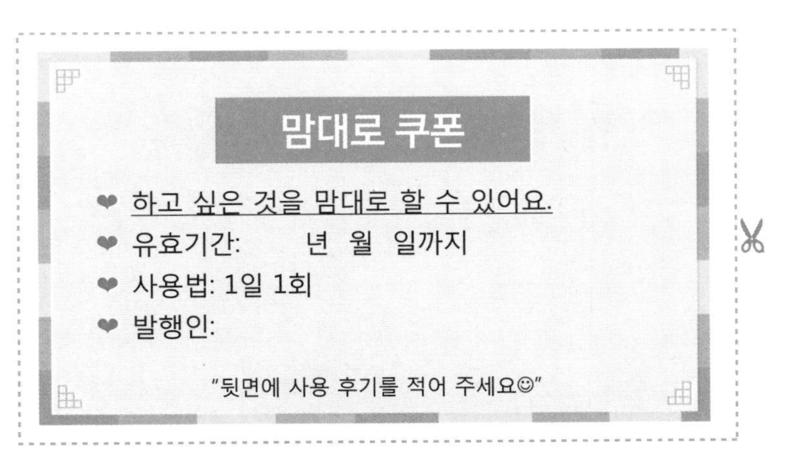

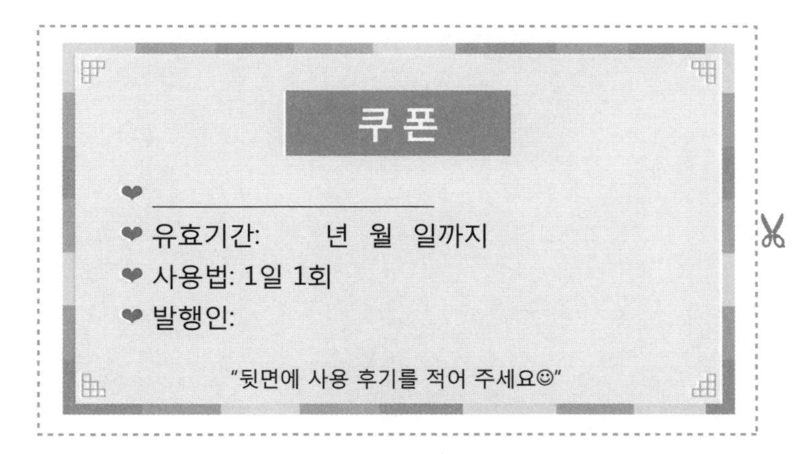
쿠폰
❤
❤ 유효기간: 년 월 일까지
❤ 사용법: 1일 1회
❤ 발행인:
"뒷면에 사용 후기를 적어 주세요☺"

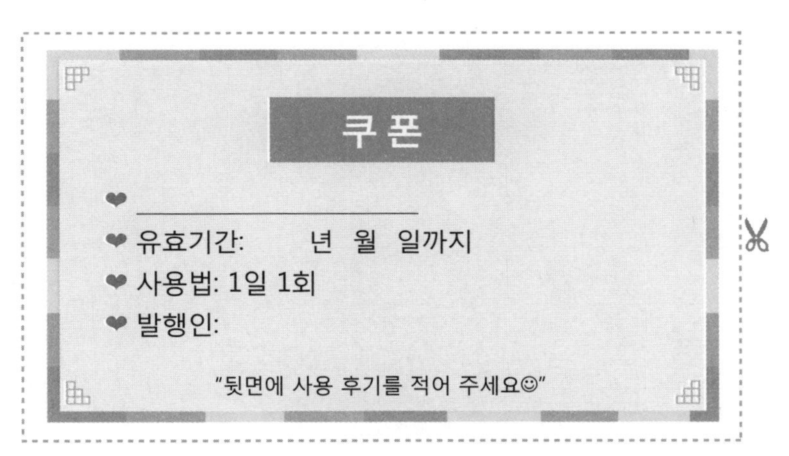
쿠폰
❤
❤ 유효기간: 년 월 일까지
❤ 사용법: 1일 1회
❤ 발행인:
"뒷면에 사용 후기를 적어 주세요☺"

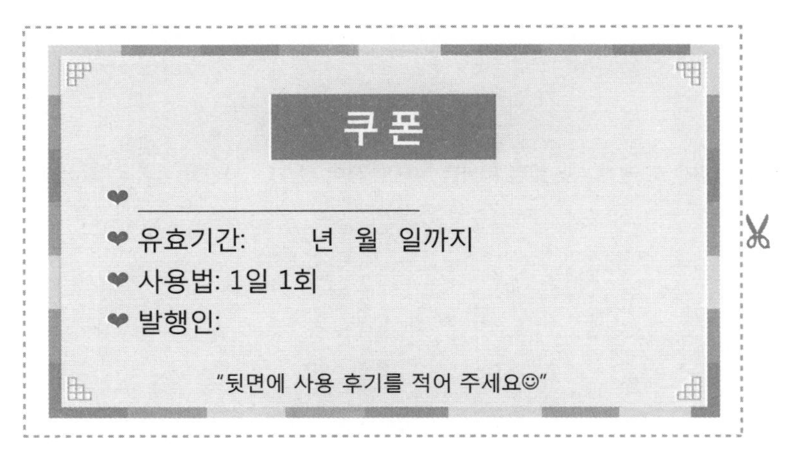
쿠폰
❤
❤ 유효기간: 년 월 일까지
❤ 사용법: 1일 1회
❤ 발행인:
"뒷면에 사용 후기를 적어 주세요☺"

마음노트

내 것 네 것을 나누기 때문에 오히려 내 것이 줄어든다.

오늘 자녀와 대화할 때 실제 사용했던 용어를 그대로 적어 보세요. 자신을 살필 수 있어요.

마음노트

고정된 것은 없다. 오직 흐름이 있을 뿐이다.

오늘 자녀와 대화할 때 실제 사용했던 용어를 그대로 적어 보세요. 자신을 살필 수 있어요.

마음노트

길면 긴 대로 짧으면 짧은 대로 응해 주는 것이 화합이다.

오늘 자녀와 대화할 때 실제 사용했던 용어를 그대로 적어 보세요. 자신을 살필 수 있어요.

마음노트

몸은 보이는 곳에만 닿지만 마음은 안 보이는 곳까지 닿는다.

오늘 자녀와 대화할 때 실제 사용했던 용어를 그대로 적어 보세요. 자신을 살필 수 있어요.

마음노트

남의 입장에서 해롭지 않게 말과 행동을 하는 것이 곧 자비다.

오늘 자녀와 대화할 때 실제 사용했던 용어를 그대로 적어 보세요. 자신을 살필 수 있어요.

마음노트

내 마음이 넉넉하면 그 향기가 상대의 마음을 녹일 수 있다.

오늘 자녀와 대화할 때 실제 사용했던 용어를 그대로 적어 보세요. 자신을 살필 수 있어요.

마음노트

끊임없이 나오는 생각을 되돌리면 에너지로 화한다.

오늘 자녀와 대화할 때 실제 사용했던 용어를 그대로 적어 보세요. 자신을 살필 수 있어요.

6차시

우리, 안아 줘요

우리, 안아 줘요

그동안 우리는 자신과의 소통을 원활하게 하는 실천을 해 왔습니다. 그 과정에서 자녀, 배우자, 주변사람들과의 관계도 풀어내는 경험을 하였습니다. 자신의 경험과 변화를 정리해 보세요.

1. 나 자신의 내면과의 소통은 어떠한가요?

2. 자녀, 배우자와의 소통은 어떠한가요?

우리, 안아 줘요

소통의 경험 나누기
필요한 내용을 메모하세요.

주제 1. 같은 상황, 다른 생각

주제 2. 한 생각 바꾸기

주제 3. 자녀에게 기회 주기

주제 4. 마음을 감추지 말고 비우고 표현하기

자녀가 고민하는 것은 무엇인가요? A4를 활용하여 긍정적으로 굴려 놓는 문구를 만들어 보세요. 그리고 자녀에게 주인공은 자신의 무한에너지임을 알려 주고, 한 주 동안 함께 마음 내 보세요.

1. 자녀가 요즘 고민하고 있는 것은 무엇인가요?

2. 자녀의 고민에 대해 함께 마음 낼 문구를 적어 보세요.

마음속의 통신처

지금 여러분이 마음을 공부하면서 어떠한 마음을 내고 또 생각하고 행하고 이러는 것이 그대로 에너지가 발생됩니다. 음파로서 발생됩니다. 그러니까 인간만 듣는 게 아니라 하다 못해 미생물에까지도 음파가 통합니다. 그래서 우리가 기도를 할 때 바깥으로 한다면 통신처 근처도 가지 못하기 때문에 통신이 안 되는 겁니다. 모든 거는 여러분의 마음속에 있으니까요. 그렇기 때문에 항상 간단하게 내 근본마음에 모든 것을 다 굴려 놓으세요.

이 모두가 이 마음 안에 안 들은 게 없습니다. 그래서 보물이라고 하는 겁니다. 보배라고 하죠. 그 속에는 젖은 거 마른 거, 더러운 거 깨끗한 거, 또는 좋은 거 나쁜 거, 높은 거 얕은 거, 모두 일거수일투족이 다 그 안에 들어 있기 때문에 그 안에 있는 그 자체를 내가 잘 생각해서 컴퓨터에 입력이 되게 하는 것입니다. 그냥 그렇다고 근심 걱정을 해 가면서 생각하라는 게 아닙니다. 살아 나가다 보면 인의롭고 여유 있고 지혜롭고 자비한 그 마음으로 남을 해롭게 안 하고 또는 가정에서도 부드럽고 남의 탓을 안 하고 이렇게 해 나간다면 저절로 컴퓨터에 입력이 돼서 통신이 되는 겁니다.

그래서 내가 생각하는 걸 이 세상에 어느 누구든지 알지 못하는 사람이 없다, 듣지 않는 사람이 없다. 새도 듣고 하다못해 개구리도 듣고 있습니다. 내가 마음먹은 거를 그렇게 듣고 있는 이가, 듣고 있는 자들이 이 허공에 꽉 차 있기 때문에 바로 남이 모른다고 하는 그 생각이 어리석다 이겁니다. 그러니만큼 그 어리석은 마음으로 하면 모두가 마음을 주지 않습니다. 그러나 모든 생명이 다 듣는다고 생각을 하고 모두 이롭게 생각을 내준다면, 모든 것을 다 말입니다. 이롭게 생각을 내준다면 우리가 어떠한 문제로 인해서 죽어 갈 때도 다 이롭게 살려 줍니다.

부모와 자식은 통신이 더 잘 됩니다

마음은 문도 필요 없고 여는 것도 필요 없고 닫는 것도 필요 없고 벽도 없는 것입니다. 마음이라는 건 마음속에 넣을 수가 있지만, 말이라는 건 마음속에 넣을 수가 없습니다. 통할 수가 없습니다. 마음에 마음이 들어가서 합쳐지면 불이 들어오고, 불이 들어온다 하는 것은 사랑의 메아리로 모두 다 엮어지는 것입니다.

사랑이라는 것은 몸으로써 몸소 붙잡아 주고 말해 주고 이래서 사랑이 아니라, 이어지지 않으면서도 전달되는 마음입니다. 사랑의 손길이란 그렇게 전달되지 않으면서 이어 가는 그 마음이죠. 거기에 자녀들과 남편을 비롯한 가족 모두가 서로 화목하게 이루어 나가고 또는 이탈되지 않는 방법이 있죠. 아무리 나쁜 일을 하고 공부를 안 한다 하더라도 말로 해서 되는 일이 아니고 욕을 해서 되는 일도 아닙니다. 전력은 이 전구나 저 전구나 똑같듯이 우리의 마음들도 똑같이 아들이라는 그 연결, 또는 어머니, 아버지라는 걸 알기 때문에 연결이 된 거죠. 전력은 다 똑같습니다.

당장 애가 나가서 죽는다 이러더라도 걱정을 안 하고 '거기에서 나온다.' 하는 거를 안다면 그 애는 나가서 죽지 않습니다. 왜냐하면 내가 생각한 것이 벌써 전체 통신이 되기 때문이죠. 연결이라고 하는 소리가 무슨 소리냐 하면, 내 형이라는 거를 알고 있으니까 연결이고, 아들이라는 거, 마누라라는 거 알지, 어머니라는 거 알지, 다 알아요, 여러분 가족은? 그러니까 급하면 급한 대로, 절친하면 절친한 대로 다 알고 있습니다. 알기 때문에 연결이 됐다는 겁니다. 그러니 내가 한생각을 그렇게 하는 동시에 식구들까지도 다 통화가 돼요. 통신이 됩니다. 연결도 천차만별이지만 그래도 자식이라는 연결이 제일 가깝습니다. 자기 생명까지도 버리면서 자식을 생각하는 부모의 마음의 연결이기 때문에 거기까지 불이 들어올 수 있는 겁니다. 그러니 거기에서 벌써 '난 집으로 들어가고 싶구나.' 이러고는 저절로 들어오게 됩니다. 자동적입니다. 이렇게 자동적으로 사람을 다뤄야 그게 이심전심입니다. 두 마음이 아니고 한 마음으로 돌아가는 겁니다. 거듭 말하지만, 부모-자식 간에는 누구보다도 더 잘 통신이 되게 되어 있습니다. 마음으로 연결이 되어 있어서 어머니 마음에 불이 들어오면 자식 마음에도 불이 들어옵니다. 그 점을 굳게 믿으셔야 합니다.

우리가 말로 행으로, 또는 돈을 잘 주거나 옷을 잘 입히거나 잘 먹이거나 이러는 것이 그 사람을 제대로 사랑하는 게 아닙니다. 진짜로 사랑을 하는 것은 정신력을 길러 주는 것이고 그 보배를 찾게 하는 것은 전 세계, 전 우주를 맡겨 주는 거나 다름없는 겁니다. 재산 물려 주는 것보다도 더 좋은 거죠.

자녀들을 기를 때 용돈 많이 주지 마시고, 아주 모자라게도 주지 마시고 너무 넘치게도 주지 마세요. 그리고 겉으로 쓰다듬고 이쁘다고만 하지 마시고 속으로 항상, 그저 겉으로는 팽개쳐 놓은 거와 같아도 부드럽게 말해 주고, 부드럽게 대해 주긴 하지만 항상 집착을 두지 마세요. 집착을 하면 그건 자기가 자기 나름대로의 큰 일을 못하고, 자기 나름대로의 걸음을 걸어가지 못하고, 자기 나름대로의 빛을 내지 못합니다.

깨우치면서 소통하기

대부분 학부모들이 아이에게 지시하고, 가르치려만 하지 마음을 주고받으며 소통하거나 스스로 깨우치도록 이끄는 것은 부족하다고 합니다. 놀라실지 모르겠지만 부처님도 자식이 있었습니다. 출가 전에 결혼생활을 하고 자식 라훌라를 낳았던 것이지요. 그런데 라훌라도 어린 나이에 집을 떠났습니다만 장난기도 심했고 거짓말도 심심치 않게 했던 모양입니다.

부처님은 그런 라훌라를 잘 다스려 주기 위해 몸소 라훌라가 있는 곳으로 찾아갑니다. 가서는 라훌라에게 부탁합니다.

"라훌라야. 대야에 물을 떠다 내 발을 좀 씻어 줄 수 있겠니?"

라훌라는 물을 떠다 부처님의 발을 씻어 드렸습니다.

"라훌라야, 발 씻은 이 물을 보아라. 이 물을 마실 수 있겠니?"

"발을 씻어 더러워진 물을 어떻게 마실 수 있겠어요? 갖다 버려야지요."

"그래. 더러워진 물은 다시 쓸 수가 없다. 너도 마찬가지로 노력을 게을리하고 거짓말을 해 더러워진 물처럼 되었구나. 대야의 물을 내다 버려라."

라훌라는 대야의 물을 버렸다. 부처님은 다시 말씀하셨다.

"대야가 비었는데 거기에 음식을 담을 수 있겠니?"

"담을 수 없습니다. 발을 씻어서 더러워졌기 때문이지요."

"그래. 너는 집을 나와 스님이 되었으면서도 진실한 말이 적고 생각은 거칠며 정진을 게을리 한다. 그래서 여러 사람들에게서 비난을 받고 있기 때문에, 발 씻은 대야에 음식을 담을 수 없는 것과 같다."

부처님은 또 말씀하신다.

"라훌라야, 너는 혹시 저 대야가 깨질까 걱정하느냐?"

"발 씻은 그릇이고, 또 값이 헐한 물건이라서 별로 걱정하지 않습니다."

"너도 그와 같다. 몸으로는 함부로 행동하고 입으로는 거친 말과 나쁜 욕설로 남을 헐뜯는 일이 많으므로 사람들은 너를 아끼거나 좋아하지 않는다. 만일 그 버릇을 고치지 않고 나쁜 일을 되풀이하면 많은 고통을 받을 것이다."

라훌라는 이러한 부처님의 가르침을 받고 스스로 깨우칩니다.

여기서 우리가 주목할 점은 부처님이 라훌라를 교육하기 위해 직접 찾아가서 소통하고 표현했다는 점입니다. 제멋대로 자라도록 방치하지 않고 나쁜 버릇을 고쳐주기 위해 마음을 열었던 것이지요.

또 한 가지 중요한 사실은 자식이 자신의 잘못을 느끼고 스스로 깨우치게 했다는 점입니다. 많은 부모들이 자식에게 일방적으로 자신의 생각을 강요하거나 꾸짖는 경우가 많습니다. 부처님은 대야를 비유로 들어 아들이 스스로 깨우치도록 애썼습니다. 시간이 걸리더라도 아이가 자신의 문제를 스스로 깨닫고 해결할 수 있도록 곁에서 지켜보고 도운 것이지요.

실천해 봐요

나를 다스리는 실천은 그대로 자녀교육이 됩니다.
실천을 통해 자녀와 더불어 행복해지세요!

이번 주 실천과제를 적어 보세요.

마음노트

낮아질수록 넓어진다. 마음도 그와 같아
나를 낮추어 남을 더 생각하면 넓어져 더욱 향기로워진다.

오늘 자녀와 대화할 때 실제 사용했던 용어를 그대로 적어 보세요. 자신을 살필 수 있어요.

마음노트

제 마음따라 팔자 운명이 다가오는 것,
마음공부하는 사람에게는 그런 게 붙지 않는다.

오늘 자녀와 대화할 때 실제 사용했던 용어를 그대로 적어 보세요. 자신을 살필 수 있어요.

깊고 간절한 마음은 닿지 못하는 곳이 없으니
그것이야말로 참된 에너지다.

오늘 자녀와 대화할 때 실제 사용했던 용어를 그대로 적어 보세요. 자신을 살필 수 있어요.

마음노트

그릇이 크면 아무것이나 다 담을 수 있으니 넓은 바다가 되어 보라.
눈물 흘리지 않고 살 수 있다.

오늘 자녀와 대화할 때 실제 사용했던 용어를 그대로 적어 보세요. 자신을 살필 수 있어요.

마음노트

마음의 자기 자신에게 스스로 묻도록 하라. 자신의 마음이 나침반이다.

오늘 자녀와 대화할 때 실제 사용했던 용어를 그대로 적어 보세요. 자신을 살필 수 있어요.

마음노트

나를 고집하는 마음이 죽는다면
절로 고개가 숙여지고 말이 부드러워지고 남을 이롭게 한다.

오늘 자녀와 대화할 때 실제 사용했던 용어를 그대로 적어 보세요. 자신을 살필 수 있어요.

오늘 자녀와 대화할 때 실제 사용했던 용어를 그대로 적어 보세요. 자신을 살필 수 있어요.

7차시

내 안의 꽃을 피워요

내 안의 꽃을 피워요

학부모의 길을 가는 자신에게 편지 쓰기

지난 6주 동안의 실천을 돌아보고, 행복하고 지혜로운 학부모의 길을 어떻게 걸어가고 싶은지 자신에게 보내는 편지를 써 보세요.

참다운 내 한생각이 금이요 보배입니다

어느 날 한 분이 울면서 이렇게 물어 왔습니다. "지금 우리 아들이 나가서 며칠째 안 들어오고 있고, 공부도 안 합니다. 그래서 제가 아주 그냥 정신이 어지럽고 도저히 살 수가 없습니다." 고등학교 1학년 때부터 3학년이 다 되도록 꼴찌만 하고 있는데, 그것도 학교 가서 사정을 하고 해서 간신히 간신히 다니는데 이들은 그러면서 울고불고 그래요. 목이 메어서 말입니다. 아들은 그거 하나뿐이라고 그러면서 그래요.

그래서 이렇게 얘기해 주었어요. "욕을 하고 때리고 나가서 죽으라는 둥 이렇게 한다면 오히려 반항심이 생겨서 더 문제가 커집니다. 그렇게 마음으로 고장 난 것은 바로 마음으로 그 업보를 면하게 해 줘야 됩니다." 그러면서 자꾸 관하라고 그랬죠. 그것은 왜냐하면, 전력과 같은 겁니다. 그 아이한테도 자가발전소가 있고 나한테도 자가발전소가 있습니다. 그런데 발전소의 그 전력은 다 똑같습니다. 용도에 따라서 그 전력을 끌어 쓰는 데 달려 있는 거지 전력이라는 자체는 다 똑같습니다. 그렇기 때문에 엄마한테 '당신 주인공과 자식 주인공 뿌리가 둘이 아니니 그 뿌리만이 아이를 잘 이끌어 갈 수 있다.' 하는 그 믿음을 진실하게 가져 보시라고 그랬죠. 그러면 한 방에 전등을 세 개씩 달아 놓았다고 해서, 전력이 따로따로 있어서 들어오는 게 아니죠. 전력은 한 군데 있으면서 전구만 여러 개 있는 거죠. 그와 같이 "자식과 부모가 둘이 아닙니다. 전력이 둘이 아닌 까닭에 전구만 여러 개가 있는 거와 같으니까 진짜로 믿고, 전력은 둘이 아니니까 그 전구를 이끌어 가는 것도 둘이 아닙니다. 그러니 그렇게 자꾸 관하십시오." 이랬습니다.

그러더니 하루는 아주 심기가 좋아서 왔어요. 그래서 "어쩐 일이오? 또 울 일이 생겼습니까?" 그러니까, "아닙니다. 아들이 그렇게 착해졌을 수가 없습니다. 글쎄 어느 날 하루는 안 들어와서 그냥 아주 속이 상해서 불같이 일어나는 거를 참고 관하고 있으면서 장독을 닦는데 부시시 들어오더니 '엄마, 화나셨죠? 무거운데 제가 좀 들어 드릴까요?' 하면서 그걸 같이 닦아서 장독대에 놓더니 그날서부터 공부를 열심히 하면서 착해졌습니다." 이러는 겁니다. 아마 여기도 경험한 분들이 많이 있으시리라고 믿습니다.

그러니까 여러분이 자기를 업신여기면 안 됩니다. 바로 제 뿌리를 믿으라는 겁니다. 싹은 반드시 제 뿌리를 믿어야만이 제 뿌리에서 바로 싹을 이끌어 가는 것입니다. 뿌리가 이끌어 가기 때문에 그 싹에는 꽃이 피고, 꽃이 지면 열매가 맺고 열매가 맺으면 제 나무에서 무르익은 열매는 하나에 만 가지 맛이 난다고 그랬습니다. 그렇게 이 우주 전체, 세상 전체가 같이 뿌리에서 모든 보이지 않는 마음들이 같이 돌아가기 때문에 싹도 같이 돌아가게 돼 있습니다. 마음이 한마음이라면 뭐는 이루지 못하겠습니까?

오늘 자녀와 대화할 때 실제 사용했던 용어를 그대로 적어 보세요. 자신을 살필 수 있어요.

마음노트

내 마음이 풍족하고 내 마음이 사랑하면은
그쪽에서도 꼭 사랑이 온다. 절대적이다.

오늘 자녀와 대화할 때 실제 사용했던 용어를 그대로 적어 보세요. 자신을 살필 수 있어요.

세상의 과학과 모든 종교라고 하는 것이 바로 우리의 생활이다.

오늘 자녀와 대화할 때 실제 사용했던 용어를 그대로 적어 보세요. 자신을 살필 수 있어요.

마음노트

내 안의 축을 믿어라, 축은 움죽거리지 않으며 영원한 것이다.

오늘 자녀와 대화할 때 실제 사용했던 용어를 그대로 적어 보세요. 자신을 살필 수 있어요.

마음노트

실천을 하지 않으면 만 가지 좋은 법도 소용없다.

오늘 자녀와 대화할 때 실제 사용했던 용어를 그대로 적어 보세요. 자신을 살필 수 있어요.

마음노트

생활 속의 여러 가지 걱정이란 알고 보면 자기 욕심 때문이다.

오늘 자녀와 대화할 때 실제 사용했던 용어를 그대로 적어 보세요. 자신을 살필 수 있어요.

마음노트

자기 가정을 조절하려면 자기 마음을 조절해야 한다.

오늘 자녀와 대화할 때 실제 사용했던 용어를 그대로 적어 보세요. 자신을 살필 수 있어요.

저자 소개

▪ 한마음과학원(Hanmaum Science Institute)

한마음과학원은 물질계와 정신계가 조화롭게 발전함으로써 모든 생명이 공존하고 공생하는 원리를 연구하고 그 성과물을 공유하기 위하여 1996년 12월 비영리 연구교육기관으로 설립되었다. 인문분과, 사회분과, 자연분과, 공학분과, 의학분과, 교육분과 등 총 여섯 개 분과에 100여 명의 전문가가 회원으로 활동하고 있다. 현대인에게 맞는 수행프로그램과 각종 사회교육 프로그램 등의 교육사업을 추진해 오고 있으며, 한마음원리 연구, 물질 · 정보 · 에너지 연구그룹, 생명과 의학연구그룹, 지구 · 환경 · 공생 연구그룹 등을 중심으로 정신계의 발전을 위한 다양한 연구프로젝트를 추진하고 있다.

〈총괄기획〉

혜찬(Hyechan) 스님, 김용환(Kim, Yonghwan) 기획실장

〈학부모프로젝트 개발팀〉

문정숙(Moon, Jeongsuk), 이은희(Lee, Eunhee), 이지현(Lee, Jihyun)
장미자(Chang, Mija), 한정선(Han, Jungsun), 최임화(Choi, Imhwa)

학부모프로젝트

행복한 학부모를 위한 마음공부

- 교육생용 워크북 -

2016년 1월 20일 1판 1쇄 인쇄
2016년 1월 25일 1판 1쇄 발행

편　찬 • 대한불교조계종 포교원 포교연구실
지은이 • (재)한마음선원 한마음과학원
펴낸이 • 김진환
펴낸곳 • (주) 학지사
04031 서울특별시 마포구 양화로 15길 20 마인드월드빌딩
대표전화 • 02)330-5114　팩스 • 02)324-2345
등록번호 • 제313-2006-000265호

홈페이지 • http://www.hakjisa.co.kr
페이스북 • https://www.facebook.com/hakjisa

ISBN 978-89-997-0872-5 94370
978-89-997-0870-1 (set)

정가 8,000원

이 도서의 국립중앙도서관 출판시도서목록(CIP)은 서지정보유통지원 시스템 홈페이지(http://seoji.nl.go.kr)와 국가자료공동목록시스템 (http://www. nl.go.kr/kolisnet)에서 이용하실 수 있습니다.
(CIP 제어번호: CIP2015035172)

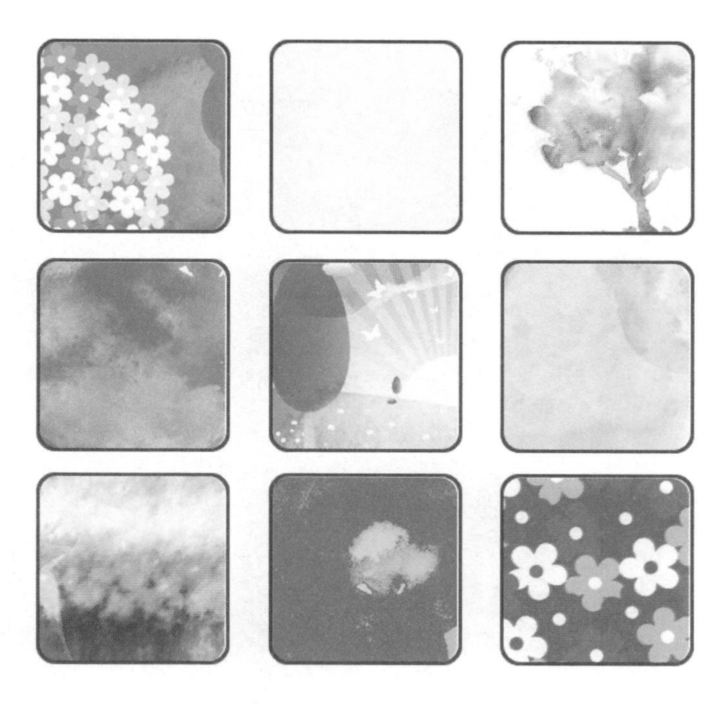

한나무 인성교육 프로그램
꽃을 피우는 나무
한나무 인성교육 프로그램
꽃을 피우는 나무

한나무 인성교육 프로그램
꽃을 피우는 나무
한나무 인성교육 프로그램
꽃을 피우는 나무

학지사는 깨끗한 마음을 드립니다

창의적 재량활동 시리즈 〈전 8권〉

4×6배판 / 무선 / 세트 정가 72,000원 / ISBN 978-89-6330-580-6(set)

	도서	저자 / 정보
1	**인성 교육** -교사용 지도서-	전도근 저 160면 · 12,000원 · ISBN 978-89-6330-581-3 04370
	인성 교육 -학생용 워크북-	전도근 저 112면 · 6,000원 · ISBN 978-89-6330-582-0 04370
2	**진로직업 교육** -교사용 지도서-	전도근 저 168면 · 12,000원 · ISBN 978-89-6330-583-7 04370
	진로직업 교육 -학생용 워크북-	전도근 저 64면 · 6,000원 · ISBN 978-89-6330-584-4 04370
3	**독서 교육** -교사용 지도서-	전도근 저 136면 · 12,000원 · ISBN 978-89-6330-585-1 04370
	독서 교육 -학생용 워크북-	전도근 저 72면 · 6,000원 · ISBN 978-89-6330-586-8 04370
4	**창의력 향상 전략** -교사용 지도서-	전도근 저 152면 · 12,000원 · ISBN 978-89-6330-587-5 04370
	창의력 향상 전략 -학생용 워크북-	전도근 저 82면 · 6,000원 · ISBN 978-89-6330-588-2 04370